이유 없는 그리움

김경환 시집

시사랑음악사랑

시인의 말

내 삶에서 절반 이상을
갓머리 넘어가는 붉은 노을이 나의 황혼빛과 같아 보인다

수많은 파고를 넘어갈 때 나는 색소폰을 부르며 오선지 위에 그려지는 음률에 위로를 받으며
글을 썼다

어린 시절 보았던 방구석에 꾸겨진 원고지를 옆에 두고
글을 쓰는 시인들의 모습이
현실적으로 나에게 다가왔다
나는 말없이 내게 속삭였다
언젠가 걸어봐야 되는 길이 운명이라면
숙명처럼 걸어보겠다
내 가슴에 감춰진 곳간을 책으로 비우고 싶은 간절함일지 모른다
후제 나의 글을 마주한 누군 가 있다면
조용한 울림이 되어
독자들의 마음에 향기 나는 정원 되어 함께하고 싶은 마음이다

비 오는 날
창가에 앉아 한 잔의 커피를 마시며
이 척박한 세상에 작은 위안이 될 수 있다면 그것만으로도
충분한 행복이다

시인 김경환

- 목차

이유 없는 그리움 6
시와 운명 7
빛바랜 화상 8
산동네 9
글을 찾아 떠나는 길 10
어느 날 서점에서 12
성님이라 부르던 그 사람 14
시인 15
사랑 2 16
할배라 부르지 마라 17
페르소나 18
페르소나 2 20
아픈 사랑 22
어느 날의 페르소나 23
중년의 고독 24
윤산 25
가을의 노래 26
갓머리에서 27

거리의 전사 28
거리의 전사 2 29
국경 없는 침묵3 30
젖은 봉투 속 그대 31
들꽃 32
이발소 33
폐품 34
시, 집 35
홀로인 듯 무심히 가는 길 ... 36
동백꽃 3 38
그 사람 39
종이비행기 40
둑을 걷다 41
친구여 42
추억 43
킬리만자로 44
가을 45
갈증 46

- 목차

파지 47	사랑이란 68
님은 먼 곳에 48	사랑이란 2 69
나 49	봄 70
한 조각 50	외사랑 71
소파 51	보문사 72
슬픈 고독 52	동백 73
한밤중에 53	고개 숙인 남자 74
먼 길 54	12월의 마지막 그리움 75
달그림자 55	세월 76
지갑 56	상사화 77
龜南迎月峙(구 남 영월치) 57	장독대 78
빈집 58	병산골 저수지 79
그 여자 60	비 그리고 그리움 80
詩(시)를 찾으러 62	밴드의 인연 82
청포도 63	머나먼 길 83
사랑의 구걸 64	들풀 84
아담과 이브처럼 65	동백꽃 2 85
연옥(獄) 66	내 고향 86

하루 인생 ………………… 87	겨울바다 ………………… 111
독거노인 ………………… 88	시, 쓸 때 ………………… 112
꽃다발 …………………… 90	여행 ……………………… 113
님의 향기 ………………… 91	하얀 겨울 ………………… 114
기분 좋은 날 ……………… 92	눈물 ……………………… 115
어머니 돌계단 …………… 94	또 다른 가을 ……………… 116
늦게 깬 꿈 ………………… 96	동백꽃 …………………… 117
그림자 …………………… 97	포장 주점 ………………… 118
보내는 연습 ……………… 98	커피 한잔합시다 ………… 119
보릿고개 ………………… 99	산행 ……………………… 120
회상 ……………………… 100	여행의 시작 ……………… 121
새벽의 소리 ……………… 101	홀로 추는 춤 ……………… 122
부부 ……………………… 102	복수초 …………………… 123
눈 산행 …………………… 104	물망초 …………………… 124
손에 닿지 않는 작은 별 … 107	이발소 2 ………………… 125
1%도 관심 밖 사람에게 … 108	오월의 길목 ……………… 126
외로움과 그 사람 ………… 109	문학의 길 ………………… 127
하얀 목련 ………………… 110	

이유 없는 그리움

천지가 흰 눈으로 하얗게 물들고
들꽃들의 진한 향기가 사라진
겨울이 깊어져 가면

눈에 보이는 모든 것들이
어디론가 떠나는 것 같아
철새 사라져 간 하늘을 본다
어떤지 슬퍼지는 마음으로

조용히 나무 밑에 앉아
스쳐 간 사람들과
주고받았던 사연들을
생각하면
흰 눈과 함께 그리움도
쌓여간다
떠나간 사람들과
떠나갈 사람들과

떠나갈 모든 것이
그리워 소리 없이
울고 싶다
그대 손잡고
이유 없이 울고 싶다

시와 운명

어느 날
그냥 아무 뜻도 없이
적어본 글귀가
운명처럼 다가와
시인이란 명찰을 다는
인연이 되어버렸다

명찰을 달아준 그 귀인의
말씀 하나에
나의 글을 뒤돌아보았다

그동안 나 홀로 적어본
수많은 시 글을 찾아보며
여태껏 느껴 보지 못한
희열을 맛본다

그래 가보자

성공과 실패에 관계없이
슬픔과 기쁨을 함께할 수 있는
그 길이 운명이라면
숙명처럼 걸어가 보는
시인이 되어 볼 것이다

빛바랜 화상

늦은 밤 화상에 그녀가 있다
시를 쓰는 눈빛의 순수함에
잠시 눈을 감는다

소년 시절에 내가 만났던
애틋한 꽃잎 같은 소녀 같았다

가슴 깊이 묻어 둔 첫사랑의 몸부림
같아 빛바랜 상처로 주저앉는다
시대의 소용돌이에서 갈 길을 잃어버린다

돌아올 수 없는 시간을
먼 기억 속으로 남겨둔 채
1%의 희망을 지워버린다

깊은 통증이 목젖을 타고
심장으로 흘러내린다

산동네

돌담을 타고 올라가던 얼굴들
내 발자국이 이젠 기억조차 희미하다

바람 따라 떠난 아버지 나이쯤 되어
나는 다시 그 골목을 거슬러본다

기왓장 무너진 집,
노쇠한 담벼락 틈새로
누군가의 웃음소리가
시간을 부르고 있다

"어이구, 어찌 사노"
흰머리로 세월을 감싼 옛 이웃
그 목소리는 바람 속에도 그대로다

엄마보다 어린 얼굴로
성님이라 불렀던 아지매는
이젠 내 나이보다 늙었고
나는 옛날을 닮은 오늘에 선 채,
가만히 머리를 숙인다

모든 것이 허물어졌어도
마지막 햇살이 스며든 담장 위
잊혀진 시간은 아직도 포근함을 느낀다

글을 찾아 떠나는 길

글 동네 찾아간다
수많은 지인들이
모여 있는 그곳으로

한 번 본 적 없는 지인으로부터
이름 석 자에
아! 세상 누구도 알 수 있는
지인까지

동네 한 바퀴 돌아본다
지나가다 얼핏
옛적 한 번 본 적 있는 제목
기억 없는 사연
글귀도 눈에 들어온다

저번 읽다 다 못 읽은
어느 무명작가의 사랑 이야기
그 줄거리와 함께
걸으며 사랑을 공감해 본다

어느 작가의
기막힌 글귀 하나에
걸으며 읽으며
그 자리 주저앉아
수많은 지인들이 앉아 있는
그 책장에 머리 기대
그 글귀 속의 주인공처럼
지금 앞을 볼 수 없는
어느 책 우물에 빠져
허우적거리고 있는 건 아닌가

어느 작가의 사연 하나에
흘리는 눈물
닦아본 적 있는가
어느 무명 시인의
글귀 하나에
가슴 아파하며
심장 깊이 저려본 적 있는가

나의 할 수 없는 사랑
아파하듯이…

어느 날 서점에서

어느 날
서점에 들어가 나를 풀어버린다

이제 막 찜통에서 나온 따끈따끈한 신간부터
한 입씩 맛보면서
이 세상없는 윤동주를 만나기도 하면서

어느 알 수 없는 무명작가
어둑한 사랑 이야기같이 느끼며
글귀 속으로 걸어보기도 한다

내가 가지 못했던 길
갈 수 없었던 사랑
그 사랑의 길까지 에둘러 본다

알쏭달쏭한 한 시인의 글 속을
잠시 빠져들기도 한다

한 권의 책 앞에서 서서 읽는 시간은
한 사람의 사랑 앞에 머문 시간과
무엇이 다를 수 있으랴

삶이란 끝까지 부르지 못한 노래의 한 소절
누군가에게 불러주기 위해
찾아 나서는 것이라고
누구에게 일러주랴
그러나 난 그 마지막 한 소절마저
잊어버렸으니

혹 그 누구도 그런 적 있는지
책 속의 먼먼 길 돌아 나오다
어느 문장 글 턱에 걸려
울어 본 적 있는지

그 기막힌 문장 앞에 쓰러져
가슴 친 적 있는지

갈데없는 나
저 쌓인 책더미 속으로 빠져들면서

누가 가다 잠시 머물며
희미하게 흘린 마른 눈물 닦아 줄런가
서서 읽는 책으로 울며 먹는 밥처럼
콱 목메게 하는 것인가

성님이라 부르던 그 사람

혹, 싶어 옛길을 찾아갔지

엄마에게 성님이라 불렀던 그 사람
우연히 길에서 마주쳤다

아이고 어찌 사노,
성님은, 가셨지,
돌담도 잠깐 울 것 같다

성님, 성님,
나보다 더 어린 얼굴로 엄마를 불렀지

부엌 뒤 칸에서 물을 데우던 그 어깨의
굴곡이 어린 시절 기억보다 선명하다

살아온 날들보다
살아갈 날들 걱정하는 나이

내 나이보다 늙은 사람들이
한 동네 한 계절에 돌담처럼 머물다 간다

허물어진 골목 끝에서
이름들이 하나씩 하나씩
저녁 안개처럼 사라져 간다

시인

"엄마 벽에 걸린 액자 봐"
"와 상패도 있네."

지나가는 말처럼
시, 쓰나 봐

혼자 하는 말처럼
들릴 듯 말 듯
표정 없는 입 모양

대꾸할 시간 없이
가슴 깊숙이 꼽히는
짧고 날랜 칼
저것들끼리 읽고 주고받는 상

"엄마"
그래도 아빠가 시인이지
누가, 아무도 상상 못 했지

그래 그것은 너 말이 맞다
뜬구름 같은 시
등단은 누가 시켜 주는 거여
주위에 고상한 척하는
시인이 많던데

내가 바라는 말이 아닌
산으로 가는 말이
심장을 찌르고 만다

사랑 2

할아비
사랑이 본래 짜요?
달콤한 줄 알았는데

제가요
우리 할아비 한쪽 볼에만
뽀뽀했는데
할아비는 달콤하지?
사랑하면 달콤하다 하는데

나는 "짜다" 했더니
반대쪽 볼에 뽀뽀해 보래요

하는 척하면서 도망갔어요
짠데 왜 해야 해요

나도 컸거든요.
10살이래요

할배라 부르지 마라

할배라고 부르지 마라
바람 불어도 흔들리지 않고
굳게 서 있으며
그 속에서 꽃을 피워 낼 수 있는
고목 나무이고 싶다

쏟아지는 비를 맞으며
사랑하는 사람의 머리 위로
나의 옷을 가려주는
가슴 있는 남자이고 싶다

은하수가 찾아오는
어둠에는 한 장의 종이와
펜을 들고
낙엽 밟는 소리 내며
시몬을 찾는 낭만 찾는
청년이고 싶다

지나간 그리움에 젖어
잊혀진 여인을 추억하는
젠틀한 남자이고 싶다

아저씨라고도 부르지 마라

담장을 넘어가는
아름다운 꽃을 보면
디카로 찍어 아름다운 여인에게
보내주는 오빠이고 싶다

페르소나

우린 낯선 곳에서
처음 만났지
한눈에 너에게
빠져 버렸지

그때의 아름다움이
수많은 시간 속에서도
여전히 아름다웠지

지금 나만 알고
너는 모르는
너에게 시를 보내고 있네
그 옛날 너에게 빠져버린
너와 시어를
그때의 그 시절을

다시
나는 시를 쓰며
회상하고 있네

비록 지금의
고장 난 운명이
너에게 다가왔을지라도

예고 없는 운명은
피할 수 없는
하늘의 선택

지금 흐르는 눈물
마지막 눈물이기를

그리고
너와 시
나의 페르소나

페르소나 2

나는 얼굴에
낯선 계절을 붙이고 다닌다
웃는 모습은 봄처럼,
속은 하얀 눈이 쌓인 겨울일지 모른다

눈동자에는 조각난 별을 숨기고
입술은 자물쇠처럼 닫혀 있다

사람들은 나를 바라보지만
아무도 내 얼굴을 보여준 적이 없다

변해가는 하루 햇살에
열두 번 바뀌는 표정은
시간마다 부는 바람보다 빠른 연기였다

나는 숨겨둔 감정 대신 대사로 말하고
진심은 연극 막 뒤에
벗어둔다

매일 보는 거울도
나를 모른다
비추는 것은 허공 속에 떠도는 이름뿐이다.

가끔 나도 나 자신을 잊는다
내 본 얼굴의 선을
몇 겹의 위로 덧칠한 뒤

슬픔은 마스카라처럼 번지고
웃음은 어제의 잃어버린 조각처럼
들뜬다

어둠이 짙어가는 도시에는
얼굴 없는 인사만 가득하고
가면은 하루의 복장이 되었다

내가 아닌 나는
가면 속에서 나를 껴안는다
감춰둔 외로움으로

아픈 사랑

어느 날 문득
당신이 아름다웠다는 걸
느꼈을 땐

멀리 떨어져
떠오르는 얼굴이 되어 있었다
흐르는 강물 속에서도
비치는 얼굴이었다면
사랑하고 있는 것이다

옛길을 같이 걸었던
그 길에서
아무도 생각하지 않는
사람처럼 하는 것은

내가 강한 것이 아니라
진짜 외로움을
알고 있기 때문일 것이다

아무도 없는
나만의 그곳에서
울부짖는 것은

멀리 보내기 위해
자기 몸을 때리는
종소리처럼

나 역시 더 아파야 할 것이다

어느 날의 페르소나

반만년 역사 속에
고목 옹두리 되어
마파람 부는 와중에
박쥐구실하다
섟 삭길 기다리는
너희들 보다 우리들의 가슴이
더 시리다

반 잘린 범 허리에서
양지와 음지의 기로는
어느 것이 음양인지
지친 어둠의 터널로 배수진을 친다

일상을 바꿔 놓는
바보상자 바이러스
행로가 묘연하다

복잡한 뇌의 회로를 지나며
알 수 없는 불안은 번뇌하고

앞마당 벚나무 꽃대 몽우리 맺을 때쯤

상처 입은 범의 페르소나를 벗는다
그리고 다가오는
목련의 하얀 꽃잎들이 상처 입은
마음들을 감싸안을 것이다

* 옹두리 : 옹이 * 박쥐구실 : 기회주의 행동 * 섟 : 몹시 급한 성질

중년의 고독

바람이 가져온 그리움
뒤뜰 장독 위 얹어놓고

바람 타고 떠돌다
나뭇가지에 걸린
외로운 구름 조각 붙잡아

한 장의 수채화를 그려본다

텅 빈 가슴
바람 부는 날 기다리는
마지막 잎새처럼
마음 둘 곳 없던 날

허연 안개 그림자 주워 담아도
그대는 어디에도
보이지 않네

떠나가는 겨울바람
휘~이~
우는소리 서럽게 들리네

처진 어깨 위
안개 이슬 내리 앉으면
외로운 중년 눈가에
한줄기 서러움 내비치네

윤산

산기슭
나지막한 산자락 따라
태양이 건너편 능선 갓머리에서
잠시 숨을 멈출 때

노을 그림자
저 멀리 광안대교 빛을 발하고
해가 지는 붉은 바다

그리고
바다와
하늘이 일직선 그릴 때

산은 바다의 소설을 이야기하고
바다는 산의 전설을 노래한다

비록
산꾼들이 뫼 등이라 외면해도
오를 때 짧은 숨 몰아치며

동네 한 바퀴 내려다보며
금정구에 사연 있는 동산을
윤산이라 부른다

가을의 노래

아쉬워하지 말라
내 곁을 유난히 빠르게 지나가는 것은
그렇게 화려하지 않으면서도
흔들리는 가냘픔이 애처로워서다

외로워하지도 말라
떠난 후에 널 잊을 수 없는 것은
네가 가져오는 가을의 그리움이었다

바람에 흔들리며 형형색색 물결치는 것은
널 잡지 못한 미련일 것이며
지구 한 바퀴를 돌고 다시 찾아올 때
두려워하는 것은 스쳐 지나간 추억들이
사연으로 남아있기 때문이다

바람과 함께 너의 숨결 속에 파묻혀
소리 없이 울고 싶은 이유는
네가 가져온 가을의 향기 때문이다.

갓머리에서

갓머리 앉아
내려다보니
허연 서리 내린
긴 세월

이제 칠십
이대로 눈 감아도 좋고
이대로 그냥 가는 대로
살아도 좋고

거울에 비친 계급장 한 줄
광선 빛에 드러난 뼈마디
뚫어진 골다공증 자국
원자 등에 비친 증서

여태껏 살아온
삶의 훈장

어때, 七秩(칠질) 지나
古稀(고희) 왔으니 대견스럽지 않나?

누군가에게 물어본다는 것보다
나에게 물어보는 말이다

* 갓머리 : 능선 위 제일 높은 곳   칠질:61~70세

거리의 전사

세상 어느 사람이 태초부터
저런 모습이었겠는가

한낮의 훤한 거리에서
한 손에 술병을 들고
누추한 보따리 등짐 지고
휘청대며 쉬는 곳 찾는
저 사람

그도 한때는
꿈을 설계하며 뜨거운 땀을
흘러들 것이고
최소한 자존은 갖고 있었을 것
아닌가

전쟁에서 싸우다 패배한
패장의 넋두리는
승자의 용사처럼 큰소리로
말하며 그 또한 화려하다

그렇다!
결과에 승복 못해 고성의 울림이
반올림으로 돌아갈 것이지만
과정이 있을 것이다

적어도 우리는
패장의 한 많은 설움의
울부짖음을
이해는 해 줄 수 있어야
할 것이다

거리의 전사 2

한 손엔 깨진 시간을 들고
다른 손엔 접힌 하루를 끌며
그는 거리라는 전선 위를 걷는다.

술은 붉은 탄피처럼 흔들리고
보따리는 생의 마지막 방어선
그의 어깨는 기억보다 무겁다.

한때는 망치와 설계도로
미래를 쌓던 사람이었겠지.
자존은 벽돌처럼 쌓이고,
땀은 허물처럼 벗겨졌을 테니.

고성은 전투의 흔적이다.
그 소리는 지지 않은 자의
눈물 많은 외침이며,
허공은 그의 패전사를 되감는다.

서울역은 전쟁터가 되고
비둘기보다 많은 이름 없는 병사들이
노을 아래로 녹아든다.

국경 없는 침묵3

멈춰진 시간들 신문지들이 바닥을 뒹군다
잠들지 않는 새벽, 집을 잃어버린 조각상들

그는 보도블록 끝에서 깃발 없는 나라를 수호한다.
군번 대신 주름을 지니고,
전투식량 대신 빈 보따리 매단 채.

술병은 꺼지지 않는 신호탄,
비닐은 낡은 방탄복
등에는 하루치 전쟁이 달려 있다.

지나가는 사람들의 눈빛은
무기보다 무겁고,
그 침묵은 국경 없는 전장에서
무연고의 국화처럼 피어 있다.

그는 패배하지 않았다.
단지 이 도시가,
그의 승리를 기억하지 않을 뿐이다

젖은 봉투 속 그대

빗물은 추억을 적시는 은밀한 손
오래 닫아둔 마음의 서랍을
살며시 열고 들어왔다

골목 모퉁이에서
기억 담은 젖은 봉투
속에서 네 이름을 주웠다

들꽃

나지막한 우리 집 뒷산도
힘에 부치는 날

이제 갓 피어난 들꽃 한 줄
길을 밝힌다
밟히다 살아남은 줄기 하나에
내세울 거라곤 작은 자존심
발갛게 상기된 여리디여린 붉은 꽃잎

속속들이 말 못 하고
안으로만 보듬어진 것일 것이다.

나 자신 지는 날 알지 못해
오르기만 한다.

잠시 쉬어가는 순간
뒷모습을 돌아보니
돌아가는 길 험하다는 걸 알았다

한 잎 피우려
나보다 더 많은 고비를
견디고 견디었을
너를 보듯 나를 보는 것 같아

이름 모를 들꽃 앞에서
눈물 어린 애처로움 삼킨다.

이발소

아버지 따라 이사 왔던
철거민 동네에 가보니
민초의 흔적은 약간의
길 바뀐 골목으로 남았고

아버지 손에 끌려 울며
장발 머리 깎는 이발소 있다

어, 너, 오랜만이다
50년 전 얘기로
추억의 웃음꽃으로
마무리하며

현재의 일상과 후에 생길
마을의 재편을 얘기한다
거울에 비친 이마의 계급장에
침묵과 언제 다시
찾게 될지 모른 채

오늘 깎는 중년의 머릿결로
세월의 흔적을 남긴다

폐품

'언젠가'라는 느낌이
나에게도 왔다

나를 사랑했던 사람들의
품을 떠나
같은 비슷한 존재들이
하나하나씩 쌓여 가는 사연들이

제각각 사랑을 하였고
사랑을 받아 왔건만
저물어가는 실체의 현장에서
힘없이 늙어가는 노인의 고독처럼
지나간 추억을 그리워한다

가는 그 길이 어딘지 모른 채
겹겹이 억눌려 떠나갈 때
쌓인 그 틈새에서
한동안 살아왔던 제집 창가에
비친 불빛이 서서히 멀어져 간다

시, 집

윙윙대는 겨울밤
뜨끈한 온돌 열기 태워
포근한 집 하나 짓고 싶다

기둥 하나 없이 떠다니는
글귀들의 안식처 하나
만들고 싶다

시, 글귀들이 모여있는 그곳에서
나를 찾는
나를 사랑하는
집 하나 짓고 싶다

홀로인 듯 무심히 가는 길

향기가 없는 것 같은데
향기로 가득하다

그동안의 지치지 않는
시간들이 부럽기만 하다

깊어지는 음률의 향기로
어설프다 못한 난
그저 향이 사라진 세월 뒤에
그림자로 자리한다

악보의 숱한 표식도
그저 흥얼거림의
되지 않는 달관으로
읽어내고

부끄러운지 오선지 뒤에
그림자로 자리한다

하여간 탓하지 않고
바라지도 않고

홀로인 듯 무심 가는 길에
향기 말고 노래할 벗이 있어

그 속에서 그림자 벗어나서
함께 유희하며
즐겁게 가련다

어두운 나의 그림자
세상 근심
다 풀어 놓고

동백꽃 3

동백꽃 속에는 어머니가 계신다
열여섯 새색시 뽀얀 얼굴로
새벽녘 달빛 아래
수줍던 동백 꽃잎 살며시 펼치던
칠순 엄니의 삶
끝이 없었네

구순 시어머니 목간 물 덥히고 나서
어제 밤새 내린 눈 무게에
고개 숙인 동백 꽃잎 털어주며
나는요 놈 꽃이 참 좋아

눈밭에 떨어진 꽃잎 주워
어루만지며
무심한 듯 하얀 미소 쉬어가셨지

그땐 몰랐네
백설에 피어있는 동백이
엄니 마음이라는 것을

그 사람

저는 몰랐습니다
곱고 예쁘다는 것은
항상 무슨 말에도
미묘하고 우아한 미소만
지었으니까

저는 몰랐습니다
한 가정을 피우기 위해
힘들고 힘든 세상에
발을 담그고
아름다움을 잊고
꽃대를 올린 사람이었다는 것을

떠나버린 후에
온통 새카맣게 타버린
빈방을 열어 보고선
다 내어준 다 줘버린
마음으로 있었다는 것을
저는 이제 알았습니다

종이비행기

소망을 이룬 만족의 쾌감도
말 못 할 부끄러운 삶도
내 인생의 일부이겠거니
달빛에 말려본다

그마저
남들이 가져갈까 노심초사했던
헛물만 가득한 곳간을 비운
세월을

백색 물감으로 환칠하고
푸른 물감 덧칠하여
구름 한 점 없는 하늘처럼 살고 싶다

간직했던 은원들을
조금씩 조금씩 끄집어내
접고 접은 종이비행기에 실어
쪽빛 허공에 날려야겠다

둑을 걷다

강둑에 걸어간다
벌거벗은 벚나무 가지를 보며
하늘 향해 고개를 들어
걸어간다

어쩜 나 자신이
강가에 버려진 사람처럼
혼자 걷는다

누가 봐도
마치 지구 밖에 주워 온 사람

마치 4차원 지구 밖에
사는 우주인처럼

친구여

산 중턱 넘어가는
노을 걸어두고
이날만큼은 일심동체

하얀 종이 위에
옛 추억 데려와
동심 적어 동강에 띄운다

어느새 어둠이
우리의 어깨를 감싸안고

달아오른 숯불에
추억 술잔 채우고

밤하늘 달님 등불 삼고
반짝이는 은하수 하나
데려와 우리 곁에
앉혀두고

고이 묵혀두었던
기억단지 덮여두고
우리 이제 남아있는
세상사

구수한 장맛 나는
인생 줄거리 만들어
보자꾸나

추억

지금 서 있는 이곳 그 자리
머물며 기억했던 자리

꽃이 지고 피고 다시 돌아온 자리
흔적이 남겨져 있나
찾아보니

마지막 떨어지는 낙엽이
물든 날 손잡고 걸었던 그 길
추억은 남아 있는데
사랑은 떠나고 그리움만
남긴 채

길섶엔 작은 종달새
노랫소리만 들리고 있다

킬리만자로

산에 오른다
왜 땀 흘리며 높은 곳 오르는지
묻지 말라 한다

불타는 영혼을 고독한 남자의 사랑을
저 높은 곳에 내려놓나 보다

표범은 왜
저 높은 킬리만자로 정상에 올라가
얼어 죽었는지 아무도 설명하지 않았다

표범처럼 헤밍웨이도
눈 쌓인 정상에 오르려 했다던데

아프리카 대륙의 가장 높은 하얀 산
마사이 부족 신전의 산
그래서 표범도 헤밍웨이도
설산에 올랐나 보다

신전에 들어가 보려고
그들은 킬리만자로를 설명하고 있다

킬리만자로는 눈을 떠날 수 없고
머리가 있는 동물들은 그 호기심을
떨칠 수 없어
꾸역꾸역 오르나 보다

머나먼 그곳
배낭을 메고 산을 찾는 그 누구도
신전을 보기 위해 꿈을 꾸나 보다.

가을

서걱대는 갈바람 소리는
절정에 이르는 가을의 노래다

갓머리*에서
황금 컬러 홀씨
바람에 휘날리며
순백의 그리움을 보낸다

그리고
글을 찾는 사람들의
가슴엔 가을의 낭만이
붉게 물들일 것이다

조만간 하얀 계절이
다가올 건데
고독한 가을은 가고 있다.

* 갓머리 : 산마루, 능선

갈증

갈증이 났다
타오르는 목마름이
비단 얼어붙은 속 물만으로
해갈이 될 수 없는
무거운 갈증이 어둠 속
방 안을 휘저어 가라앉는다

허전한 것
고요함에 아쉬움과 서러움
휘감기는 갈증

어두운 곳에서
어지러움 속을 헤매는
꿈을 꾼다

그리도 떠오르지 않는 얼굴이
따스하고 그리운 품 되어
다가선다

그동안 견디었던 설움
울음으로 토해 내자
뒷걸음치며 멀리 날아가 버린다

순간을 다해 친 발버둥에
차디찬 물 마셔도
가슴속 깊이 타오르는 갈증은
어둠과 침묵 속에 고스란히
남아 있는 것

그 갈증은 오직 너만이
채우며 꺼질 수 있는 것이었기에...

파지

사무실 몇 날 며칠
쌓였던 신문이 산더미다

이웃집 고물상
리어카 가져와
저울에 잰다

몇 킬로야?
얼마여?
옆에 있는 노인
한마디 한다

여부셔
남의 영역 침범 안 하면
안 되겠슈

님은 먼 곳에

나는 보았다
조그마한 얼굴에

인형 같은 그 모습
만져보고 싶었다

인형같이 품에 안아
빙글빙글 돌아보고 싶었다

말하고 싶었다

사랑해도 되는냐고
그러나 그 말은
입가에 맴돌고 있을 뿐

가까이 가면
뒷걸음치며
돌아설 것 같았다

그래
돌아서지 말아라
조금 떨어진 곳에서
바라만 보며

가슴속 뛰고 있는
나만의 마음 덩어리를
심장과 뼈 사이

아무도 찾지 못하는
깊은 곳 숨겨두리라

나

비가 오는 아침에
누가 창을 두드렸다

너인 줄 알고
반가운 마음에
달려가 문을
활짝 열었다

문 앞에 서 있는 건
비 흠뻑 젖은
나였다

한 조각

가을비 내리는 어느 날

별생각 없이 비를 맞으며
묵묵히 걸어가는데

생각 없는 마음 위로
무언가 툭 떨어진다

주섬주섬 주워서
살며시 펼쳐보니

선명한 그리움 한 조각
빗물에 젖어 흐느낀다

생각 없는 것이 아니라
네가 그리웠구나

소파

어둠이 짙어지면
그래도 집이라고

좀비처럼 허우적대며
기다시피 들어와

심청이 인당수에 몸 던지듯이
덥석 드러누워 버린다

심신이 지친 내게 안식처가 되어 준
넌 친구이자 가족이었다

밝은 색깔은 온데간데없이
누렇게 변해버린 게
내 삶이 고스란히 묻어있다

그동안 심심하였는지
지친 등판에 경추 요추 받아주며
벌떡 일어날 수 있도록
기운을 재생시켜 준다

때론 포근히 파묻혀
스르르 잠이 들 때
세상모르게 안아주는 넓은 가슴

의자도 침대도 아니면서
그렇다고 마누라도 아닌데

늘 말없이 안아주며
반평생같이 살아갈
누런 소 한 마리가 든든하다

슬픈 고독

느낌이 없는 걸 알았어
그래도 믿고 싶었지
떨어진 만큼 멀어져
가는 그대 마음

나는 알면서도
사랑했었던 순간들만
기억하며
남아있는 연민의 정으로
사랑이라고 믿고 싶었지!

하지만 나 속마음과 달리
표정 없는 그대와

잠시나마 함께 있는 것은
나 홀로 남아있는 것보다
더욱더 외로운 것

나 이제 슬픈 고독을
받아들이리

한밤중에

한밤중에 이유 없이
그냥 잠이 깨었다

깬 잠 다시 잠들기
힘들어 거실 불 켜고
둘러본다

구석에 바짝
말라 있는 화분

어, 너였구나
네가 목이 말라
나를 깨웠구나

먼 길

함께 가자
먼 길
친구야
너와 함께라면
떨어져 있어도
가깝고

별로 좋지 않은 길
일지라도
아름다운 길로 여기며
손잡고 걷자

나도 그 길 갓길에 서서
그늘이 되는 나무가 되고
너를 위해
착한 바람이 되며

우리가 그동안 살아온
뒤안길 돌아다보며
기대며 내려다보는
언덕이 되어보자

달그림자

문구멍 뚫어 커다란 눈으로
어둠을 밝히는 저 달은

집 나간 아들 기다리는
엄마의 마음인가

황매화 그늘에
오도카니 웅크린 된장 단지
아버지 고함에 숨어다니던
엄마 옷 보따리 같아서
울컥 목이 메는 밤
앞뜰에 한 그루 나무로 섰다.

온몸 구석구석 훑고 다니던
내 생의 깊고 깊은 얼굴들이
죽은 척 납작 엎드려 있다가

갈비뼈 사이 감추어둔
그리움 보따리
툭 건드리니

움찔움찔 빠져나오는
달의 그림자 조각들

지갑

지갑이 두툼해지면
어딘가 모르게
마음이 행복감을 느끼고
말속에 즐거움이 보인다

지갑이 비어 있으면
얼굴이 어두워지며
나서질 못하고
말이 줄어들며
자신감이 상실해진다

나이가 능력을 넘어가 버리며
홀쭉한 지갑이
인생사 피폐를 가져온다.

묵직한 지갑 갖고서도
얇게 가져가며
입을 풀 때는
언젠가 주위가 돌아서진다

그래서
나이는 지갑으로 말한다
지갑은 풀고
입은 잠가라

龜南迎月峙(구 남 영월치)

한 유교 학자
천 년 전 해안 절경에 혹하여
四抱支鄕(사포지향)이라며
후세에 남기고 간 말

그곳의 동백은
땡볕 속에 그늘 만들어
길을 내어준다

동백섬 숲길 지나려니
이름 모를 새들이 노래한다

동백으로 가꾼 봉우리와
바다와 구름이 하나가 되고

수평선이 줄을 긋고
한 선으로 만든다

섬을 돌아 내려가니
옛 龜南浦 해 벽
시인은 그곳에 해운 글자를
새기고 떠났다

장산에서 내려보낸
춘천 강모래가 만든 섬길

동백나무 그림자 밟고 건너와서
시인들이 만든 즐김을

걸으며 글 세상에
빠져본다

빈집

어느 날
아는 지인 집 찾으러
산동네 올라간다.

웬일인지 북적대던
그 동네 슬레이트 기우는 집
썰렁한 빈집이 많아졌다

빈집에서 개가 짖는다
하루가 너덜너덜해지도록
종일 짖는 것 같다

짖는 개에
바람이 다가와
개의 울음소리 핥아 준다.

슬금 슬쩍 뒷걸음질 할 때
목련 나무 발등에 떨어지는
짖는 개의 혓바닥 같은
누런 꽃잎들

어둠만 고집하는 그곳에는
그림자들의 놀이터
누군가 슬픔에 겨워 허우적거릴 때
쉬어가라고 손짓한다.

그림자의 놀이터에는
갖가지 것들과 노숙하는 낙엽들

반쯤 열린 대문 사이
머릴 내밀 때
깜짝 놀란 꼽등이

내 콧등을 밟고
지나간다.

그 여자

아직 육십 고비
들어설까 하는 그 여자

그저 그런 삶이
초여름의 한잔 술에 취해
휘청거리는

그리고
틀어져 휘어진 인생이
오래된 종이 위에
휘갈겨지고

그 여자 굴곡진 삶
토막토막 끝도 없이 이어진다

어스름 저녁 핑계 삼아
떠날 즈음
네놈이 곁에 있어도
별 볼 일 없이
보기 싫다는 그 여자

사는 게 다 그런 거지
몇 번이고 되새기는 그 여자

그 여자
그 여자 청춘의 봄날은
나팔꽃 사흘 밤낮 몰래 피고 지듯
무척 짧았고

몽환의 진상처럼
흐릿한 기억뿐이었다

내가 아는 그 여자
단풍나무에 마지막 매달린
구멍 난 잎새처럼

왠지
쓸쓸해 보이고 말았다

詩(시)를 찾으러

나는 시(詩)가 어디 있는 줄
모르고
찾으러 나섰다
지금 현실에도 애타게
찾으면 만날 수 있을 줄 알았다

어설픈 글귀로
가당찮은 생각으로
시를 찾아 나서니
시는 나를 만나 주지 않았다
우울과 미소가 그리운 날이 많은
나는
외로움을 노래하며

오선지 그림 속에
나의 마음을 읽어주니
노래 속에 글 위에
글귀 안에
어렴풋이 더 그리운 얼굴이 되니
아, 시가 물어본다
나를 찾았니…?

청포도

얽히고설킨 인연들
바라보는 즐거움도

남겨진
눈물겨운 시간 속에서
나만의 색깔로 변화시킨다

엇갈린 희비의 끝자락에
그렁그렁 맺힐 즘
바람이 곁을 떠나면

이별의
산통이 시작된다.

사랑의 구걸

주체할 수 없는 가슴에
북소리가 들리고
돌아서는 그리움이
심장에 뻗어있는 정맥의 핏줄에
급히 움직이는 반응을 줄지언정
사랑을 구걸하지 말자

부딪혀 산산이 흩어지는
파도의 물거품 같은 것을
움켜쥐고
어쩜 사막의 신기루 같은
허망한 것들 앞에
사랑을 구걸하지 말자

앞을 볼 수 없는 안갯속
같은 것일지 모르니
사랑에 구걸하지 말자

나의 빈 가슴을
누군가에게 공허함을
채우려 들지 말라

차라리
지독한 그리움과
고독을 씹으며
홀로 걸어갈지언정
사랑을 구걸하지 말자

차라리…. 뽀얀 담배 연기로 심장을
가득 채울지언정
사랑을 구걸하지 말자

아담과 이브처럼

어젯밤 살짝 열린
창틀 사이로
바람이 꾸겨져 들어와 잠을 깨운다

이불 속으로 움츠린
어깨 들어가며
잠시 끊어진 꿈속을
헤맨다

조금 느긋해지고
소소한 일상 잊어버리고
텅 빈 마음으로

파라다이스 속에 노니는
헐벗은 아담과 이브처럼
꿈을 꾸며 숲속을 거닌다

이불 속에서 비몽사몽
아침 거부를 핑계 삼아
모처럼 숲속에서

잃어버린 이브 찾아
태초의 역사를
더듬는다

연옥(獄)

그늘진 어둠을 안고
반으로 갈라진
제 그림자 밟고 서서
말없이 내려다보며
밤을 지새우는
요양병원 앞 가로등

어느 서러운 영혼을 영접하고 배웅해 주려고
불 밝히고 서 있는가

어느 시 때 없이
치열한 삶 속에 베어져 나간
사연 많은 그루터기가
의례란 형식으로 방치되는 곳

백전노장들이
그동안 살아온 삶 계급장
내려놓고 무장해제 당한 채
시간표 없는 역 대합실에서
영면행 열차를 기다리며
황망하게 떠나가는 간이역이다

마음속 깊이 간직해 오던
첫사랑의 사연도 허물어져 가는
꿈을 잃는 곳이기도 하다

약에 절어 비몽사몽간에 들려오는
간병인의 소리조차 검정 옷 갓 쓴
사자 부르는 소리 같기도 하고

병원 옆 철길 위 지나가는
열차 구동 소리는
하루에도 몇 번씩 휘몰아치는
진혼곡 소리처럼 울려오는 때가 있다

초점 흐린 희미한 눈으로 바라본
창밖의 세상은
수많은 파고를 넘고 넘어왔던
내 삶이 저곳이었다면

지금 존재하는
이곳은 어디란 말인가

스쳐 지나가는 말 속의
명 재계와 암 재계 사이
연옥이 여기란 말인가

세월의 멱살을 잡고
통곡하고 싶은 밤
신은 공평 하지 않다며
원망 섞인 육두문자 해대는 밤
울부짖는 것조차 힘들어하는
맨발의 전사들

아무리 둘러봐도
연옥엔 낭만이 없었다

사랑이란

아무 소리도 없이
슬며시 웃음만 짓던 그때는
그냥 그렇게 흘려보냈다

생각해 보니
꽤 깊숙한 마음이었다는 걸 알았다

바람이 나를 껴안을 때
나의 손은 허공을 휘저었지만
그와 지내온 아쉬운 순간이
많았다는 걸 느꼈다

내 허리를 안을 때
차가워진 손을 호주머니에 넣고
그대 손을 만지작거렸어도
그땐 몰랐다

이젠 그런저런 낭만의 기억이
희미하게 새겨진 추억이라는 걸
이제야 느끼다니

아름다운 사랑
그때의 바람이 순하게 불고 있다

사랑이란 2

무심코 지나가는 말처럼
툭 던지고 가는 것이
나의 마음에 상처가 되었다

어떨 땐 생각지도 않을 말들이
툭 나올 때
나의 가슴은 세월을 한탄하며
하얀 벽에 걸려있는
계절 종이를 찢어버리는
속 깊은 마음처럼 아팠다

용광로처럼 타오르는 분노는
높은 산 올라가 돌아오는 메아리와
대화하며 숨을 죽였다

모든 것이 사랑이었기 때문일 거라고
아니 사랑이라고
나를 내가 그렇게
다스리고 있었다

봄

어제가 입춘이던가
강 처녀 치맛바람
휘날리는 봄소식에

난
당신을 생각한다
산릉선 넘어 걸어갈 땐
당신은 항상 봄이었고
나에겐 꽃이었지

이제 새싹 터져
피어 나는 작은 하얀
목련꽃처럼

오늘도 보이지 않는 곳에서
설레는 봄 처녀처럼
당신을 기다리며
기도하네

외사랑

좋아한다는 것과
사랑한다는 것은
두 가지 미묘함도 같이한다

건너갈 수 없는 강이라는 것도
알면서 감정을 숨기지 못한다.
가슴 깊이 숨겨놓은
심장의 박동 소리가
뛰쳐나와 요동을 친다

참아라!!
해바라기 같은 외사랑은
아픔만 가져다
줄 뿐이다

멀리서 바라보는
힘겨운 나의 운명을
그대로 받아들여라.

보문사

길고 긴 시간대로 가본 길

보문사 천장 끝에
너의 이름 석 자
달고 돌아왔다

대각선 남쪽 바람 불어와
용마루 끝자락 고기 조각 흔들리고
눈썹 바위 올라가
돌아본 풍경 소리 들리면

남겨둔 너의 흔적
잊지 못해 찾아간 줄
알아라

동백

설토 속에 동백은
올해에는
유난히 붉었다

밤새 내리는 눈도
봄과 함께
동백 앞에 무릎을 꿇고
꽃잎 속 숨어버렸다.

동백은 비장한
아름다움으로
죽음을 맞이하지만

인간은 죽음 앞에
삶의 버팀목이 사라졌는데도
슬픈 이별을 부인하고 있다

봄은 동백의 죽음 앞에
애잔한 빛을 주며
애도하고

겨울은 녹아드는
살얼음 위로 살며시
동백의 모가지를 가지고
사라진다.

고개 숙인 남자

돌아보면 사라져 버릴까
주저한다
고개 숙여 땅을 판다
들지 못하는 머리가
너무 깊이 파 버렸다

빠져나올 수가 없다
주저앉아 있는 모습에
가로등 불빛이 살짝이 비춰주니
그림자가 살며시 다가온다

불빛과 그림자 대화가 시작되니
이빨로 손톱 깎는 부끄러움에
어느 누가 버린 마저 꺼지지
않았던 담배꽁초처럼
은하수들은
바람에 껌벅 껌벅인다

난 아직 고개 들 수 있는
어둠이 필요하다

12월의 마지막 그리움

시작의 끝이 그리움으로 남아
한 장의 달력 속에
하나의 숫자 끝이 넘겨지는
숫자의 시작을 알리며
한 장의 페이지 넘어가 버린다

미련과 아쉬운 흔적이
가득한 뒤안길
넘어가는 해를 따라가며
지나간 상처 난 마음을
다스리며 가슴을 쓰다듬는다

등이 따가운 내 그림자
풀어헤쳐진 신발 끈
다시 잡아 묶어 매며
입술 다문 감정으로
내일을 찾아간다

맘대로 찾아온 내일은
기약 없이 가버리는
쓸쓸한 어제의 미련을
마지막 바람과 함께 사라지게 한다

곧 떠나갈 가슴속에
남겨진 못다 한 사랑
12월은 돌아보는 그리움으로 남겨진다

세월

긴 머리 이리저리
바닥에 뒹굴고

가마골 뒤쪽엔
엉성한
까치집이 되어 있고

하얀 백로는 까마귀 떼
살금살금 눈치 보며
새끼를 친다

세월의 뒤안길
해일이 지나간 흔적의 잔재처럼
서글픔을 안은 채
무상한 인생에 순응하며
어깨 힘이 빠진다

어찌 세월의 흐름을
막을 수 있었겠나

한풀 꺾인 부끄러움으로
하얀 백로 깃털
검게 덧칠한다

하나둘 덮여가는 백로의 깃털이
까마귀 떼 속으로 어울리는
초라함에도
제 모습이 그 모습인 척
헛웃음 지우며
거울 보며 새로운 모습을
변신하여 본다

상사화

가녀린 상사화의 꽃대를 잡고
고개 숙여 너의 속 향을 맡았다
짙은 선홍빛 그리움으로
기약 없는 기다림에 지친 몸
가눌 길 없이 목 놓아
한 서린 울음 뱉어낸다
이루어질 수 없다는 아쉬움에
하얀 꽃잎 하나하나
백색 핏빛 되어
산천을 휘감아 돌고
기다림에 지친 꽃대는
허연 강물에 몸을 던진다.

장독대

어떻게 들어왔는지
말 못 할 바람 하나에
겨우내 가슴앓이였다

벌써 머리엔
백설이 사뿐히 앉았지만
숨기고 싶은 연정이 피어났다

사르륵
다가가는 발걸음 소리에
깊숙이 묻어둔 사모곡처럼
심장 떨리고 있었다

나만의 떨림일지
둘만의 인연 고리일지는
가슴 열어야 한다

병산골 저수지

오랜만에 병산을 찾았다
변해버린 저수지
가뭄에 메말라 버린
갈라진 바닥 누가 물을 빼 버린 건가?

갈증을 호소하며 빈 거 다 큰 웅덩이를 보고
오랜만에 보니 옛적에 처절했던
그곳이 화려한 치장을 하고 멋을 부린다

가득 채운 호수에 주변 데크 깔고
벚나무 화려한 꽃향기 날리니
누가 너의 옛 모습 기억하겠나?

난 그래도 너의 옛 모습을 그리워한다
구불구불 한 길을 따라
너의 흔적을 걷던 그 길

나는 아직도 널 병산골
저수지라 부른다

비 그리고 그리움

새벽부터 내리는 비의 속삭임은
물 내음에 코끝의 간지러움도
비와 연분홍 추억으로 부딪혀 흡수되고

집 마당
살며시 내리 앉는 비의 노래가
농촌에 귀한 아기 동요로 들려오고

비에 취해 떨고 있는
담장 밖 능소화의 눈물이
회상되는 기억은
뇌를 적시고 지나간다

울컥 살아온 세월 속에
병실에 누워
깊은 눈으로 바라보시던
내 어머니 그리워지는
비의 소곡이다

늘 그러하듯
비는 미련 없이
눈물만 남긴 채
하늘을 비우고

내 어머니 그리움도
갈증만 가득 남긴 채
비로 떠나가니
어머니 회상도
심연 깊은 추억으로 자리한다

옛날 남아있는 기억 중
툇마루 아래 댓돌
나란히 앉은 고무신
그 안에 빗물은 가득하고

가득 찬 빗물 고무신은
하늘에 구름이 담겨 있는 걸
기억한다.

밴드의 인연

어디에서 왔던가
어떻게 탄생하였던가?
오다가다 쉬어가는 휴게소처럼
우연히 밴드의 연을 만든다

실체 없이 쉽게 왔다 가며
겉만 보며 맺어진 인연

서로 본 적도 없고
같은 해 태어났다는
우연의 핑계로 친구라는
간판을 내걸고 소통하지만

무책임하게 쉽게
맺은 인연이기에
생각은 같은 방향이라 하지만
행동과 말이 틀린 정치와
비슷한 시기 질투 뒷담으로 얼룩지기도 한
별다른 세상

아무나 드나드는 마트
자동문처럼
쉽게 오고 가며

어쩌다 자동문 열리는 반사된 유리에서
진실한 내면이
살짝 비춰 줄 때가 있다

머나먼 길

어떻게 인연을 맺었던가?
아물아물한 기억 속에
옛날식 다방에 앉아 맞선을 봤지

동백섬 인어 동상 앞에서
앞서가던 여인의 모습이
키 작고 목이 하얀 여인

함께 가자 했던 먼 길을
어느새 반세기가 돌았네
키는 더 작아졌고 목엔 주름만 늘었네

멀어도 함께라면 했던 길
가다 쉬고 싶을 때 그늘이 되고 싶었고
당신을 위해 서늘한 바람이 되고 싶었던 나

이제 함께 가자, 하던 그 길
안개에 가려 앞이 보이지 않네
길 잃어 주저앉아 우는 당신

어긋난 운명이 앞을 가렸네
미안하네! 용서하게
나도 가던 그 길을 잃어버렸네

들풀

비를 안고 바람이 왔다
꺾이지 않는 흔들림으로
버티었건만 바람의 베임에

일어설 수 없이 누워버렸다
고통이 투쟁을 만들었다
바람은 어느새 서서히 걷고
빗방울은 나의 가슴에
멍 자국을 남기고

나는 일어날 수 없는 삶에
'언젠가'라는 기다림에 지친
숨죽인 들풀이 되어
그리움을 삼키고 있었다

동백꽃 2

사랑 있었나 했다
나에게 아무 일 없으니
너는 행복한 줄 믿었다

붉은 입술은 참고 참았던
그것은 고통이었다
외마디 비명도 없이

하나하나 떨어지며
하얀 백설에 붉은 자국을
남길 때

그것은 너 혼자만이
감당하고 있는 슬픔이었다

내 고향

밭 갈고 씨 뿌리는 농촌과
관계없는 내 고향
옛 흔적 찾을 길 없는
그 골목길

울 엄마 부르는 소리
고함치며 놀던 아이 뒤로하고
허기진 배 채우기 바쁘다

담장 사이 활짝 핀 덩굴장미
구멍 난 옆집 담벼락 사이 고개
내미니 간질여진 웃음소리

친구와 추억 찾아
나 홀로 실없이 웃고 마는
달콤한 얘기 꽃 기억하며
걸어본다

하루 인생

어둠이 가시기 전에
봇짐
지고 거리를
나선다

오늘의 일과는 어떻게 되는지
아무것도 모른 채
길거리 사냥을 낚여

먹을 것 주면 꼬리 흔드는
개처럼
하루 일생을 그렇게 보낸다

그리고
얄팍하나마
배춧잎 몇 장이
힘겨운 오늘의 일과를
웃게 만든다

노을이 붉게 물들어가고
다시 어둠이 찾아오고
집으로 돌아오는 길목에

들이마신 술 한 잔에
여태껏 살아온
서글픈 인생을
잊게 만든다

독거노인

불 꺼진 집안
현관문 열고 들어온다
꺼 거 이이 끽 끼이익

오래된 슬리퍼 한쪽 줄 떨어져
현관 한복판 뒹군다

부풀려진 가죽 소파
들어앉으니 푹 꺼진다

희미한 부엌 형광등
불빛조차 외로움에
몸부림치며 등위 먼지
털어낸다

눈치 없는 주방 수돗물
콸콸 소리 내어 고요한
적막을 깨뜨린다

절룩거리며 안방으로 걸어가는
힘없이 어깨 처진 늙은이의 발자국

고독으로 몸부림치는
혼자 사는 훗날 나의 모습일지 모른다

잠시 열어놓은 베란다
창문 사이로 윙 윙
소리 내어 나대는 바람에게 말한다

바람아 조금 조용해 줄래
나 지금 글 쓰고 있잖아
죄 없는 바람에게 시비를 건다

꽃다발

님의 품에 안겨 받은
사랑으로
짧은 순간의 아름다움과
향기를 내뿜었건만

그것도 잠깐

시들어가는 몸뚱어리
타오르는 목마름
아! 옛날이여

님의 향기

어젠 검은 구름 불러서
파란 공간을 퍼즐 맞추듯 막아놓고
무엇이 그리도 화가 나고 슬픈지
고함치며 울부짖더니

거짓말처럼 하늘이 청명하고
평온함이 누군가를 떠오르게 한다
멀리도 가까이도 아닌
기억 속 남겨진
너의 곱디고운 얼굴 그리고 싶다

예전에는 억새꽃 하얀 꽃가루
휘날리는 능선 올라선 언덕에서
사랑 실은 미소 하나 마주 보고 웃고 걸었지

낙엽들이 모여들 그 숲속에서
어디선가 귀에 익은 목소리
지나가는 바람에 한 번쯤 실려 왔으면

이제 점점 빠져가는 머리칼
희미한 눈 흐림 겨울이 오기 전
볼 수 있으려나

시간이 너를 잊어버릴까
내가 시간을 잊어버릴까

두려움 엄습해 오는 나날들
비어 있는 너의 자리에
테너의 화음 소리만 차지하고 있다

기분 좋은 날

어쩌다 적어본 글귀 하나
나 자신이 생각나는 대로
적어본 시 한 편

읽어본 댓글 하나
괜찮다고 느낄 때

이날은 뭔지
날개 달아 하늘을 나는 기쁨

길 오고 가다
내가 적어본 글 다시
읽어보며

어쩌다
황금비율의 언어가
필이 꽂힐 때

그 유명한 로미오와 줄리엣의
사랑도
이런 전율 몰랐으리
수줍은 공주는 백마 탄 왕자
만나고

만족한 시어 한 줄이
얼굴 내밀 때

그 말 못 할 환희는
허물어 가는 주름을
펴지게 만든다

가진 것 없어도 엔도르핀
노화를 몰아내고

그 미남으로
태어나지 않았으면 이
다행이라고

신은 편견이 없다며
모든 이에 평등하다며
앞장서서 백기 드는

어리숙한 숙맥 일지라도
좋아라

기분 좋은 날엔

어머니 돌계단

어느 날
난 누구의 손을 잡고
돌계단을 오르고 있었지

돌계단 하나에 석등이 있고
다음 돌계단 두 번째는
석탑이 보이고

세 번째 돌계단 극락전 보이고
극락전 뒤에는 우거진
초록빛 산이 다가와 있고

하늘엔 흰 구름이
돛을 달고 어디론가
떠나가려 하고 있었지

하늘이 보이니
이미 돌계단은
끝이 나 있었고

나의 손에 이끌며
돌계단을 오르던 사람은
이미 내 옆에 없는 사람

훌쩍 하늘로 날아가
흰 구름이 되어버린 사람

우리는 모두 흰 구름
육신이 벗어지고 나면
이렇게 가볍게
그 누구도 벗어날 수 없는
모두가 흰 구름

하늘 속에서 나를 보며
손짓하며 웃고 있는 사람
나는 공간에
손 휘저으며 눈을 뜨며
울고 있었지

떠나간 지 오랜 사람
부모님
그리워 발 구르며
땅에서 울고만 있었지
길 가다 엄마 손 놓쳐
엄마 부르며 울고 있는
아이처럼

엄마를 부르며
들깬 잠 속에서
난 울고 있었지

늦게 깬 꿈

마지막 힘 다 풀어버려
지쳐 있는 시간

창밖엔 어설프게 내린
빗방울에 마른 가지
물방울 머금고 조그마한
봉우리 만들어
고개를 살며시 들며
가을 소식 알린다

하지만 그 소식을 아무도
모르게 지나간다
언제나 그랬다

화려한 시작도 지나가고
꽃 다 져버린 뒤에야
눈시울 붉어진다

이제야 알았다
바보같이

돌아만 보았어도
모든 순간순간이
꽃봉오리였던 것을

햇살이 땅속 깊이 꽂혀
잠든 꿈을 깨운다

어리석은 가슴에 하얀
점 하나 찍고 싶다
오늘이 지기 전에

그림자

어느 날
나는 너의 어두운 그림자에 앉아
소리 내 울었다

조그마한 사각진
네모 상자를 들고
소리 없는 눈물을 흘렸다

그 속에서 들려오는
너의 가냘픈 목소리에
대답 못 한 그리움으로
울었다

말없이 따라다니는
너의 그림자가 미워서
울어버렸다

보내는 연습

종이학 접어
속 넣어둔 완성된 학처럼
보내기로 한다

밤새 내린 빗줄기 속으로
흘려보내기로 한다

너의 상처 나의 아픔
같이 뭉쳐 흘려보내기로 한다

언젠가 흘러간 바다에서 만날지언정
너를 보내기로 한다

상처와 아픔이
사랑이었는가
물어보지 않은 채
그냥 보내기로 한다

보릿고개

이놈들아
뛰지 마라 배 꺼진다
아직도 할미의 그 목소리
내 주위를 맴돈다
익은 김치 간고등어 하나에
쌀밥 몇 숟가락 천하일미였지

불룩 배 손 얹어 트림 소리에
미소 짓는 엄마의 모습
내리사랑 배 꺼지는
또르르 소리 듣지 못했지

철부지 부모 되어서야
그리움 사무치지만

부모님
저 구름 속에서 꿈만 주시는지
보고파 눈시울
붉어지며
빨간 내복
어른거리는 오월의 어느 날

회상

도시의 가로수 떨어진
낙엽 뒹구는 거리
바라보다 보니
불현듯 떠오르는
가슴 잉잉하게 차오르는 사람

잠시 돌아본 과거 속에
네가 그리워서
울 때가 있었다

너를 향한 기다림이
가슴에 불이 되어
타오르는 날

나는 다시 바람으로 떠올라
그 불이 사르르 지는 날까지
어두운 들녘과 산등성 굽이를
미친 듯이 떠돌며 헤매고 다녔다

나의 까만 눈동자의 우물에
가뭄이 들 때쯤
나 스스로 일어서는 법을 배웠다
잡는 법을 배우고

스스로 떠오르는 깨우침을 알았고

돌아서서 흔들림 없는
자신의 냉정함을 익혔다

새벽의 소리

누군가 적막을 뚫고
아침을 두드린다

언제부터인가 알 수 없는
알람을 깨우는 소리 없는 울림

네모난 상자 방벽을 지나
새벽을 여는 다양한 소음
출근 전 거실에 앉아
조용히 귀를 연다

오래된 창틀 사이로
빠져나가지 못해 물초 되어
울부짖는 갈바람 소리였고
뒤란 가지에는 상처 난
잎새 하나 물고 떨고 있었다

* 뒤란 : 뒤뜰 뒷마당
* 물초 : 온통 물에 젖은 상태

부부

오랜만에 내려온 사람
반갑고 보고 싶었던 사람
근데 왠지 오랜 발걸음이라서 그런가
서먹서먹한 가운데
바람이 지나간다

별말 아닌 거 같은데도
서로 화를 내고 짜증을 낸다
그만 문 닫고 입 닫아 버렸다

그냥 백기 들고 꼬리 내렸더라면
창문을 열고 지나가는 바람과
만났으리
후회와 자존심에 밀고 당기다
지쳐 버리고
민생고 해결 시간 되니
밥 먹으라는 문밖의 소리에
변명 아닌 변명 같은 휴전이다

물에 물 탄 듯, 술에 술 탄 듯

고개 넘어가는 노을 탓인가
객기 부리던 패기는 사라지고
오랫동안 시달린 병마에
걸음조차 힘들게 보인다

그 옛날 휘두른 칼날로
큰소리치며
돌진하던 기세로
물 베기 하던 시절이 그리워진다.

눈 산행

산
설산이 보고 싶어
얼마 전 가 본 곳
다시 못 가 본 그 길
나 홀로
달린다
전북 장수까지

앙상한 가지만 남아있는
산과 산 사이
저 멀리 보인다
덕유의 설산이

순백의 설토를 깔아
잠자는 심장을 일깨운다
대간 길 산이
깊은 동면에 빠져들면서
하얀 솜이불에
짧은 밤의 적막 덮여

빨리 얼굴 들이대는
별들이
빛을 내니

걸려있는 상고대 덩어리가
귀고리 마냥 반짝이며
찰랑거린다

아!
하얀 입김 불어 내며
함성이 터져 나온다
눈 덮인 설천봉
칠봉
남들이 찾지 않는 그 길
걸으며

어제 내린 함박눈에
길이 덮여 사방이
눈밭이다

저 멀리 아직 미련 남아있는
붉은 노을이 몸통은 보이지 않고
꼬리만 붉은 피를 토하고 있다

살아 천년 죽어 천년
웅장한. 고목의 자태
흔적 하나 남길 틈 없이
짧은 죽 나무 사이로
미끄러지듯 내려온다

길 끊긴 눈밭에
얼어붙은 계곡
조금씩 들려오는 물소리 찾아
아!
멀리 보이는 빛과
인적의 숨소리

하얗게 하얗게
덮여 있는 가여운 몸뚱이
닦아내고 털어 낸다
오늘의 이것이
마지막 눈 산행이리라

이제 순수 그대로
순백의 삶으로
살아가 보리라

손에 닿지 않는 작은 별

내 안에 너는
밤하늘 끝에 걸린 작은 별
손을 뻗으면
한 발짝 뒤로 물러서는 바람이었다

구멍 난 가슴은
두드려도 열리지 않는
닫힌 성,
그 속에서만
네 이름을 숨죽여 부른다

가까이 가면
순백의 숨결조차 깨질까
나는 발끝으로만
너를 따라 걷는다

말 못 할 사랑은
가슴속 조약돌처럼 무거워지고,
심장과 뼈 사이
아무도 모르게 스며 숨는다

내가 아닌 나는
내 안에 숨은 별을 바라본다
닿을 수 없기에
더 깊이 빛나는 너를

1%도 관심 밖 사람에게

하고 싶은 말 건네려다
조용히 접어 버린다

너에게 던져 지는 말
봄날에 피어오르는 아지랑이처럼
건너기 전에 사라질까 두렵다

나는 내 안에
네 이름 하나 접어
하얀 봉투에 담아
영원히 개봉하지 못하는 풀을 발라
심장 가장 깊은 골짜기에 묻어 둘까 한다

닿지 못해 더 선명한
그대 등 뒤를
겨를과 겨를 그대를
눈물 없이 품고 묻겠다

외로움과 그 사람

나를 외롭게 만드는
그 사람

그대 역시 외로움과
싸우고 있겠지

수많은 인고의 세월을
버티며 살아왔는데

무엇이 그대를
외로움과 투쟁을
하도록 하고 있는가

행복 찾아 떠났던 길
험난한 여행이 되어
버렸으니

미안하다
용서해라
위로의 말을 던지며

그대 등을 안으며
눈물 흘릴 때

그대는 나보다 더
많이 울겠지

하얀 목련

짧은 시간 속에서
하얀 드레스를 입고
숨 가쁜 정열로
한 계절을 알린다

고귀하고 도도하기도 한
네가

어둠이 짙어가는 늦은 밤에

쪼개진 달빛 아래
외롭게 서 있는
가로등에 기대어
기약 없는 소식 기다림에
지쳐만 가는 밤

새벽에 내리는 눈물이
그리움 되어
백옥 같은
하얀 드레스를
흠뻑 적시고 있다

겨울바다

해변의 모래바람
거칠게 반기고 있다
겨울 색으로 갈아입은 바다가
시리도록 아프게 한다

적막이 감도는 어둠 속의 바다는
연인들의 쓸쓸함을
즐기나 보다

일상의 굴레를 벗어나
나의 삶 닮은
바다를 즐기나 보다

한때 뜨거웠고
젊은 날의 청춘을
가져다준 겨울 바다는
침묵 대신 부서져 가는
하얀 거품 소리로 대변하나 보다

이제 알겠네

외로움을 즐기는
나는
고독도 때로는
낭만이 될 수 있다는 것을

시, 쓸 때

누군가 말했다
시는 슬플 때 쓰는 것이라고

나는 사랑을 잃어버렸다
옹두리* 되어
심장 깊숙이 못내* 그리워하며
숨어버렸다

어쩌나
사랑도 슬픔도 찾지 못하니
어떻게 시, 를 써야 할지

숨겨진 사랑과 슬픔을
도르다* 내어
밀려오는 파도에
던져 보았다

부딪혀 산산이 부서지며
조각나는 물거품에

시, 想이 어떻게 변하는지
시, 語를 적어본다

* 옹두리 : 나뭇가지 병들거나 벌레가 파서 결이 웅 통함(옹이) 혹
* 못내 : 잊지 못하고 항상
* 도르다 : 칼로 베어 도려낸다

여행

어디로 가야 하나
알 수 없는 여행길

세월의 숫자에
의존한 채

미래를 알 수 없는
여행길

방향을 아는 건가
모르는 건가

어디가 도착지인지
언제 떠나는지

같이 동행할 수 없는
여행길

슬픈 눈으로
밤하늘의 달을 보고

그리움의 숫자를
되새기며

흔들리는 운명 따라
떠나야겠지

하얀 겨울

흰 눈 내리는 겨울은
아름답지만

이별할 때 내리는 눈은
서러움이겠지
돌아서 가는 발자국 위로
눈송이가 지난날의
이야기를 지우듯이

사랑의 흔적을 덮어버리겠지
별 볼 일 없는 사랑이었다면
이별 역시 별 볼 일 없었겠지

그렇지만 이별에 마음 아파하고
지난 추억에 가슴 아파한다면
분명 별거 아닌 사랑은 아니었을 것을

다음 해 다시 하얀 겨울이 어김없이
돌아오건만
세월에 묻혀버린 모습 하나
기억도 묻혀버리겠지

눈물

내가 만약 만약에
돌아올 수 있는 그 무엇이
된다면

눈물이 되어
돌아와 보리라

너의 뛰는 가슴에서 잉태되어
너의 눈으로 태어나

너의 뺨에서 살아오면서
너의 입술에서
머물면서

내가 눈물로 돌아온
이유를 설명하리라

또 다른 가을

빛바랜 낙엽을 밟고
마지막 한 잎의 단풍을 보고
한 걸음 한 걸음으로
가을을 노래하며
가을의 편지를 써 내려간다

짧은 시간 속에
마른 외로움이 내 곁을
맴돌고 있으니
견디기 힘든 아픈 갈증

바짝 마른침 감정으로
겨울을 준비 못 한
바삭 마른 담쟁이처럼
벽을 타고 올라간다

몹시 을씨년스러운 가을이다

동백꽃

잠시 짧게 피었다 지기에
꽃이다

잠시 머물다 가기에
그것은 사랑이다

눈보라 눈꽃 바람 속
피를 삼킨 통곡이여
봄이 아직 오지 않았고
산마루 하얀 눈 그대로인데
꽃은 피었다

너를 생각하며
기다리는 나의 마음

하얀 눈 속에
나의 붉은 심장을
내다 걸었다

포장 주점

언덕 위에 노을이
내일을 약속하고
넘어갈 때

건너편 산등선엔
둥근달이 미소 짓고
올라온다

거리엔 검정 옷을 입고
나타나고
무거운 어깨 짊어지듯
빗장을 열고

호롱은 자기 몸을 태우며
구석을 밝힌다

그리고
저녁이 끝이 아닌
지금이 시작인
오늘의 일과는 시작된다

누군가를 하염없이
주인 대신 기다리며

지나가는 바람에
온몸을 흔들며

한 잔 술을 당기는
퇴근길을 유혹한다

커피 한잔합시다

어쩌다 한번 들리는 목소리로
"커피 한잔합시다."라는
말을 던질 때

커피를 마시지 않는다는 걸
알면서 똑같은 말을 한다
사실 얼굴 한번 보자는 말이다

서로 마주 보고
입맛에 맞는 온기 있는
잔을 놓고
쓰기도 하면서 달콤한 이야기로
따뜻한 마음을 나누고 싶은 심정이다

당신이 살아온 과정과
내가 어떻게 살았는지는
지나가는 바람에 보내버리고

노을에 물든 언덕배기처럼
붉은 벽화 그리며
가슴속 숨겨둔 향 깊은
이야기하고 싶다

그리고
한마디 하고 싶다
커피 한잔합시다!

산행

모처럼 산행을 한다
예부터 올랐던 그 길을
예부터 보았던 그 길이
왠지 낯설게 느껴진다

그대와 둘이 걸었을 때도
나 홀로 걸어 오를 때도
메아리조차도 외면하는
대화를 혼자 얘기하며 오른다

힘들면 바위가 쉬어가라고 하고
외로우면 무슨 얘기든 하면서
가라고 나무가 답한다

지나온 세월을 입가에 맴도는
말처럼 낙엽에게 소곤거린다
그에 답하는 낙엽은 대답이나 하듯이
바람에 의지하여 바스락거린다

도시 전경 보이는
큰 바위 위에 앉아
가져온 커피를 한잔하며
스쳐 간 인생을 독백한다

나 자신에게
그동안 수고했다

여행의 시작

가장 훌륭한 시는 아직
쓰여지지 않았다
가장 아름다운 노래는 아직
불리지 않았다

최고의 날들은
아직 살아 보지 않은 날들
가장 먼 여행은
아직 끝나지 않았다

불멸의 춤은
아직 시작도 하지 않았으며
가장 빛나는 별은
아직 발견되지 않은 별

무엇을 해야 할지
더 이상 알 수 없을 때
어느 길로 어떡해
가야 할지 더 이상 알 수 없을 때

그때가 비로소 진정한
여행의 시작이다

홀로 추는 춤

나는 보았다
가슴 저리는 저 소리
웃지 않는 무녀의 저 표정을

설움 삭이는 절제된 행위
옷깃이 서슭해서 신음하려고
온몸으로 흐느끼는 여인의 고요함에
나는 앓아야 했다

저 소리에 울었고
풀지 못한 몸부림치는 여인의 춤사위

어쩜
저리 애절한 몸부림 또 있을까
저렇게 서러운 구음 또 있을까

사랑이 내 마음에 들어올 때
나 역시 애절한 절망으로 몸부림했다

맺을 수도 풀 수도 없는 사랑
가슴으로 통곡하며
내 속 사람은 부신 흰옷 갈아입고
남모르게 슬픈 춤을 추었노라

복수초

바람이 쉬었다 간 자리
해토머리 대지 뚫고
환한 얼굴 밝혔으나

아직 봄은 오지 않았고
산마루 눈도 녹지 않았고
능선 넘어 골바람 그대로인데

다시 돌아오는
어둠의
고난 일지라도
삶으로도 두려움이 없으니

어찌 너를 사랑할 수밖에
없네!

물망초

꿈을 잊은 물망초가
먹구름 속에서
희망을 잃어가고 있다

갓머리 올라가
고요에 잠든 너에게
노래를 불러본다

골 깊은 계곡 흐르다 부딪혀
되돌아오는 메아리 소리

돌아오는 바람 한 줄기
마른 눈물 한 모금
살며시 접어 한 번도
누가 펴보지 않은 편지처럼
서랍 속에 넣어 버린다

내 마음이 바람이라면
너의 마음은 닫아버린 창일까

틈새 없는 창가에 부딪혀
꾸겨진 바람으로 노을 하나
접어 사라진다

이발소 2

녹슨 가위 소리마다
잊힌 이름 하나씩 떨어진다

거울 속 얼굴은
흘러간 강물처럼 흔들리고
낡은 의자는
한때의 영광을 숨죽인다

어깨에 내려앉는 흰 가루는
마을이 허물어진 기억이다

손끝을 지나가는 머리칼
뿌리마다 지난겨울이 들러붙어
벗겨지지 않는 계절이 된다

싹둑싹둑
떨어지는 기억들은
사라진 골목을 쓸어내듯
가만히 웃는다

깎이고 남은 이별들
여전히 거울 속에서
수염처럼 자라난다

오월의 길목

어릴 적 이맘때
찔레꽃 하얗게 피면
질경이 억세진다고
옷 어른들 혀를 끌끌 차셨지

아카시아 향기 온 마을에 퍼지면
밀도 보리도 덜 익어서
새끼들 배곯겠네

걱정이 아궁이 속에서
활 활 타오르듯
어른들 부지깽이 탕탕 치셨지

배고프면
밤이 더 길게 마련이라며
어머니 부스스 일어나
내 머리 쓰다듬고
내 속옷 이를 잡아 주셨지

지금 나는
배도 고프지 않은데
왜 잠 못 이루며
뒤척이다 못해

밤새도록 배회하며
어둠의 계단을 밟으며
여명의 출구를 찾고 있는
오월의 마지막 방랑자

문학의 길

아무도 가르쳐 주지 않는
그 길을 나 홀로 걸었다

앙상한 가지 밑
시몽의 그림자를 찾으며
낙엽의 소리를 들었다

어느 날
어둠 속에 바람이 찾아와
창을 두드리고

별빛이 스며들며
메마른 황무지 위에
한 문장의 꽃이 피기
시작했다

이유 없는 그리움

김경환 시집

2025년 12월 10일 초판 1쇄
2025년 12월 12일 발행
지 은 이 : 김경환
펴 낸 이 : 김락호
디자인 편집 : 이은희
기 획 : 시사랑음악사랑
연 락 처 : 1899-1341
홈페이지 주소 : www.poemmusic.net
E-Mail : poemarts@hanmail.net

정가 : 10,000원
ISBN : 979-11-6284-628-5

저작권자와 맺은 특약에 따라 검인은 생략합니다.
잘못된 책은 교환해 드립니다.